Rechengeschichten

1 Jannis hat eine Muschel weniger als Ben, aber zwei Muscheln mehr als Luise. Alle zusammen haben 23 Muscheln. Wie viele hat jedes Kind?

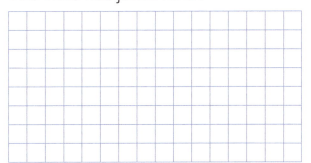

2 Sven hat 32 Muscheln, Aisha hat 54 Muscheln. Aisha möchte Sven so viele Muscheln abgeben, dass beide gleich viele haben.

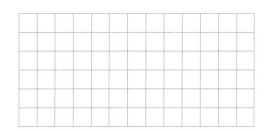

3 a) Oleg legt Muscheln in sechs Reihen. In jeder Reihe liegen fünf Muscheln. Wie viele Muscheln braucht er dafür?

b) Nun nimmt er rundherum eine Reihe weg. Wie viele Muscheln bleiben liegen?

4 Zeichne in einem Zug.

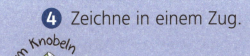

① bis ③ Evtl. eigene Rechengeschichten erfinden.

Aufgabenmuster

1 Setze fort. Male und rechne.

__2__   2+4=___   2+_____   _____

Wie viele Bälle sind im 8. Bild?

Im 8. Bild sind _____.

2

__15__   15−___=___   15−___−___=___

Wie viele Bälle sind im 4., 5. und im 6. Bild?

Im 4. Bild: ___.   Im 5. Bild: ___.   Im 6. Bild: ___.

3 a)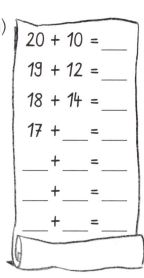
   20 + 10 = ___
   19 + 12 = ___
   18 + 14 = ___
   17 + ___ = ___
   ___ + ___ = ___
   ___ + ___ = ___
   ___ + ___ = ___

b) 10 − 3 = ___
   15 − 6 = ___
   20 − 9 = ___
   25 − ___ = ___
   ___ − ___ = ___
   ___ − ___ = ___
   ___ − ___ = ___

c) ___ + ___ = ___
   ___ + ___ = ___
   ___ + ___ = ___
   ___ + ___ = ___
   ___ + ___ = ___
   ___ + ___ = ___
   ___ + ___ = ___

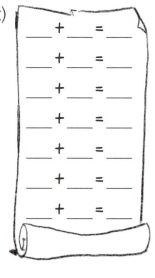

Erfinde ein eigenes Muster.

Rechendreiecke

1 a) [Dreieck: 30, 28, 42] b) [Dreieck: 19, 43, 56] c) [Dreieck: 33, 52, 17, __] d) [Dreieck: 32, 43, 26, __]

2 Verdopple immer die inneren Zahlen.

[Dreieck: innen 1, 2, 5] [Dreieck: innen 2, 4, 10] [Dreieck: innen 4, __, __] [Dreieck: leer]

Was passiert mit den äußeren Zahlen?
_____
_____

3 Halbiere immer die inneren Zahlen.

[Dreieck: innen 24, 40, 16] [Dreieck: innen 20, __, __] [Dreieck: leer] [Dreieck: leer]

Was passiert mit den äußeren Zahlen?
_____
_____

4 Wo passen die Zahlen?

a) 22, 37, 43, 59, 65, 80

b) 18, 36, 54, 64, 82, 100

c) 21, 27, 48, 49, 70, 76

Zahlenmauern

4

Erstelle noch höhere Zahlenmauern.

1 a)   b)   c)

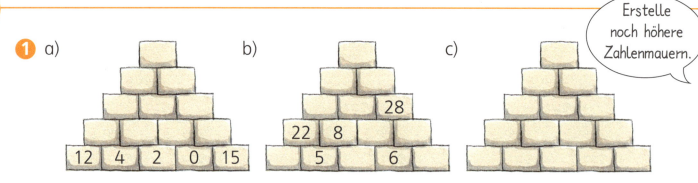

2 Setze diese fünf Steine in die unterste Reihe: 5 13 7 12 4

 a) Im obersten Stein soll eine möglichst **kleine** Zahl stehen.

 b) Im obersten Stein soll eine möglichst **große** Zahl stehen.

 c) Schreibe auf, wie die Zahlen in der untersten Reihe angeordnet sein müssen, um im obersten Stein die größte Zahl zu erreichen.

 _____

3 a)   b)

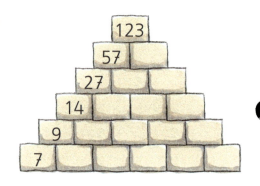

4 Wo passen die Zahlen?

 a)   b)   c)

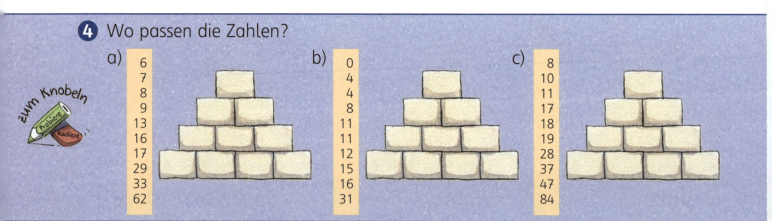

1 c) Eigene Zahlenmauer erstellen. Evtl. auch höhere Zahlenmauern konstruieren.

Sachaufgaben

1 Auf dem Spielplatz stehen City-Roller und Kick-Boards. Insgesamt sind es 15. Sie haben zusammen 37 Rollen.

Frage: _____

2 Lina und Ole sammeln Kastanien. Zusammen haben sie 90 Kastanien gefunden. Lina hat 24 mehr als Ole.

Frage: _____

3 a) Tim erklärt: „Meine Schwester Eva ist halb so alt wie ich. Zusammen sind wir zwölf Jahre alt."

Frage: _____

b) Suli meint: „Meine Mutter ist viermal so alt wie ich. Zusammen sind wir 40 Jahre alt."

Frage: _____

4 Welche Zahlen passen?

a) 29 __ 30 / 31

b) 31 __ 35 / 40

c) 40 __ 46 / 56

d) 39 __ 42 / 47

① bis ③ Evtl. eigene Rechengeschichten erfinden.

Kombinationen

1 Simon hat vier Hosen und fünf T-Shirts.
Er überlegt: „Ich möchte jeden Tag anders gekleidet sein."
Wie viele Möglichkeiten hat er?

2 Zum Geburtstag bekommt Simon weitere drei T-Shirts geschenkt.
Leider zerreißt er sich eine Hose.
Wie viele Möglichkeiten hat Simon nun?

3 Simon und seine fünf Gäste stoßen mit Orangensaft an.
Wie oft klingen die Gläser, bis jeder mit allen anderen angestoßen hat?

Das Hunderterfeld

1 Teile das Hunderterfeld in vier gleich große Teile. Male an.
Finde verschiedene Möglichkeiten.

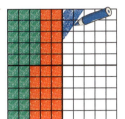 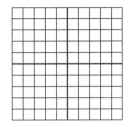 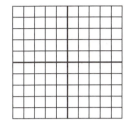 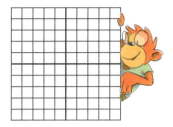

2 Teile es nun immer in fünf gleich große Teile.

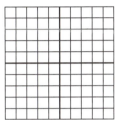 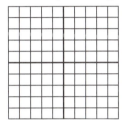 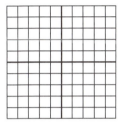 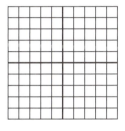

3 Kannst du es auch in sechs gleich große Teile teilen? Begründe.

4 Zauberbuchstaben. Trage die Zahlen passend ein.

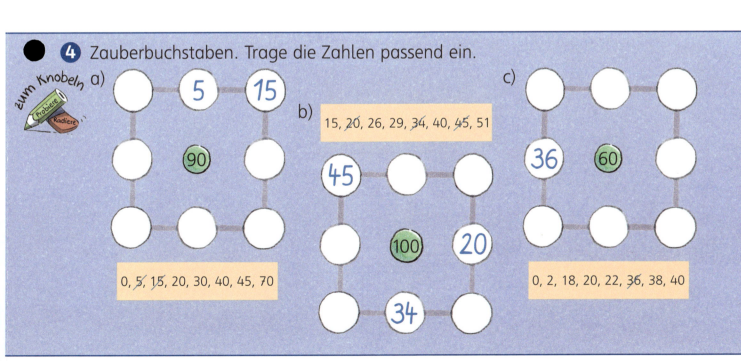

Die Hundertertafel

1 Ausschnitte aus der Hundertertafel. Trage die fehlenden Zahlen ein.

a)   b) 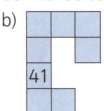   c) 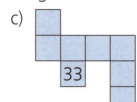   d)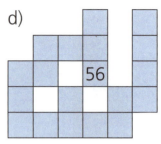

2 a) 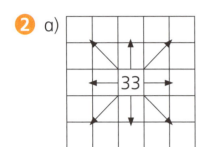   b) 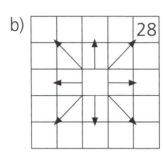   c)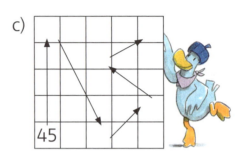

3 Wo landest du?

a) Start 35 , 2 nach rechts, 3 nach unten, 1 nach links, Ziel ☐

b) Start 43 , 1 nach oben, 2 nach links, 4 nach unten, Ziel ☐

c) Start 61 , 4 nach rechts, 6 nach oben, 5 nach links, Ziel ☐

d) Start 100 , 5 nach oben, 4 nach links, 2 nach unten, Ziel ☐

4 a) Finde zwei Zahlen, die zusammen 100 ergeben.

$1 + 99 = 100$

Wie viele dieser Zahlenpaare gibt es?

b) Finde drei Zahlen, die zusammen 100 ergeben.

$2 + 36 + 62 = 100$

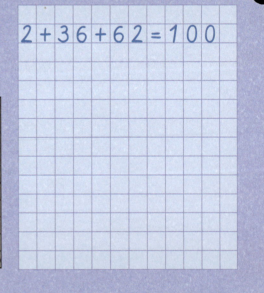

4 Auf einem Blatt fortsetzen.

Zufall und Wahrscheinlichkeit

Auf diesen Würfeln findest du die Zahlen von 0 bis 9.

① Johanna würfelt mit den beiden Zehnerwürfeln.
Welche Ergebnisse kann sie erzielen? Probiere es aus.

② Emil behauptet: „Das Ergebnis 15 kommt viel öfter vor als das Ergebnis 17."
Kann das stimmen? Begründe.

③ Mona würfelt mit drei Zehnerwürfeln.
Welche Ergebnisse sind möglich?

Würfelexperimente selbst durchführen.

Der Zahlenstrahl

1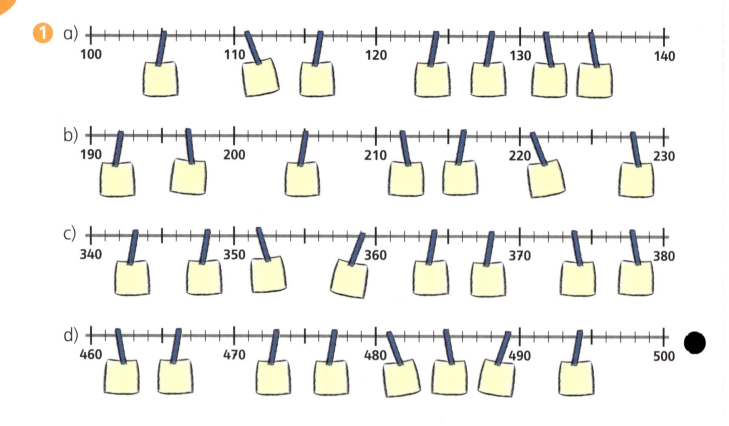

2 Setze fort.
a) 50, 100, 150, ___ , ___ , ___ , ___ , ___ , ___ , ___ , ___
b) 480, 460, 440, ___ , ___ , ___ , ___ , ___ , ___ , ___ , ___
c) ___ , ___ , ___ , ___ , ___ , 115, 100, 85, ___ , ___ , ___
d) ___ , ___ , ___ , ___ , ___ , 270, 280, 290, ___ , ___ , ___
e) ___ , ___ , ___ , ___ , ___ , ___ , ___ , ___ , 320, 360, 400
f) ___ , ___ , ___ , ___ , ___ , ___ , ___ , ___ , 330, 360, 390

3 Welche Zahl liegt genau in der Mitte?

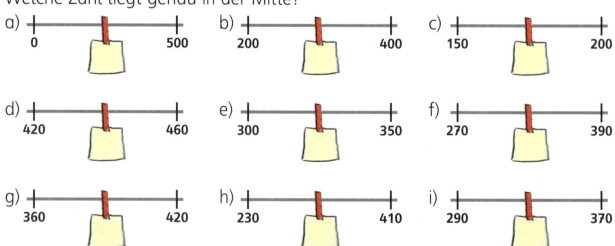

Die Zahlen 100, 200 und 500

1

2

3

4 Zerlege immer in gleiche Zahlen.

a) 300 = __150 + 150__

300 = _____

300 = _____

b) 240 = _____

240 = _____

240 = _____

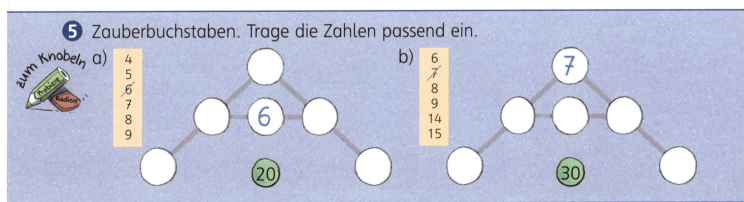

4 Evtl. weitere Zerlegungen finden.

Faltprojekt – Kopfgeometrie

1 Dieses quadratische Blatt Papier wird entlang der Linien zweimal gefaltet.

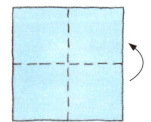 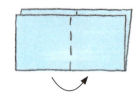

Nun werden diese Ecken herausgeschnitten.
Wie sieht das Blatt aufgefaltet aus? Zeichne ein.

a) 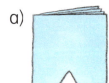 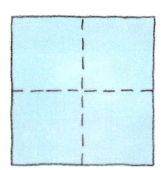   b)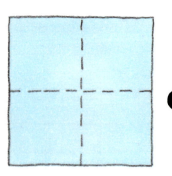

c) 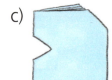 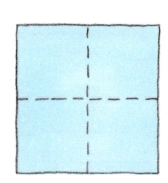   d)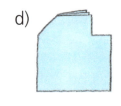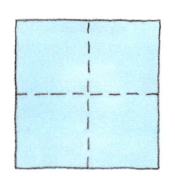

2 Welche Ecken müssen herausgeschnitten werden, damit das Blatt aufgefaltet so aussieht? Zeichne ein.

a) 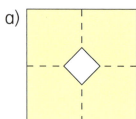    b)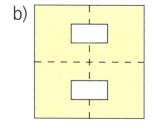

Erfinde eigene Schnittmuster

c) 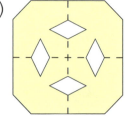   d)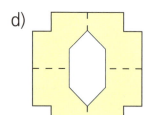

1 und **2** Evtl. durch Schneiden und Falten kontrollieren.

Aufgabenmuster – Starke Päckchen?

1 Setze fort.

a)
80 + 40 = ___
85 + 50 = ___
90 + 60 = ___
95 + ___ = ___
___ + ___ = ___
___ + ___ = ___
___ + ___ = ___

b)
20 + 240 = ___
40 + 230 = ___
60 + 220 = ___
80 + ___ = ___
___ + ___ = ___
___ + ___ = ___
___ + ___ = ___

c)
500 − 70 = ___
450 − 60 = ___
400 − 50 = ___
350 − ___ = ___
___ − ___ = ___
___ − ___ = ___
___ − ___ = ___

2
a) 150 + 49 + ___ = 200
   150 + 47 + ___ = 200
   150 + 46 + ___ = 200
   150 + 43 + ___ = 200
   150 + 41 + ___ = 200

b) 330 + 70 − ___ = 380
   300 + 60 − ___ = 330
   270 + 50 − ___ = 280
   240 + 40 − ___ = 230
   210 + 30 − ___ = 180

c) 40 + ___ − 0 = 80
   80 + ___ − 1 = 129
   120 + ___ − 2 = 178
   160 + ___ − 3 = 227
   200 + ___ − 4 = 276

3 a) Setze das Aufgabenmuster fort. Rechne.

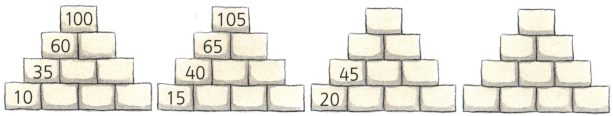

b) Was fällt dir auf? Erkläre.

_____
_____

4 zum Knobeln

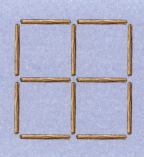

a) Welche beiden Stäbe kannst du wegnehmen, damit drei Quadrate übrig bleiben?

b) Welche beiden Stäbe kannst du wegnehmen, damit zwei Quadrate übrig bleiben?

2 Evtl. nicht passende Zahl so verändern, dass „starke Päckchen" entstehen.

Sachaufgaben

14

1 Luis hat 62 Euro gespart.
Das Fahrrad, das er sich kaufen möchte, kostet dreimal so viel.

Frage: _____

Antwort: _____

2 In Toms Geldbeutel sind zwei 5-Euro-Scheine, drei 2-Euro-Münzen, ein 2-Cent-Stück, ein Knopf und ein Glitzerstein.
Frage: Wie teuer ist das Buch, das er sich gerade gekauft hat?

Antwort: _____

3 Hasan und Jureg haben zusammen 26 Euro. Aber Hasan hat 8 Euro mehr als Jureg.
Frage: _____

_____

Antwort: _____

_____

4 _____

_____

_____

_____

5 Wie viele Rechtecke sind in diesem Bild zu entdecken?

zum Knobeln
Probiere
Radiere

_____ Rechtecke

1 bis **3** Eine Aufgabe ist nicht lösbar.
4 Eine eigene Aufgabe erfinden und zum Lösen an andere Kinder weitergeben.

Gleichungen und Ungleichungen

1 <, > oder =?

a) 25 + 24 < 50
28 + 24 ○ 50
23 + 27 ○ 50
24 + 29 ○ 50

b) 100 ○ 180 − 90
100 ○ 250 − 140
100 ○ 430 − 330
100 ○ 370 − 280

c) 49 + 32 ○ 75
83 + 54 ○ 150
92 − 48 ○ 50
67 − 42 ○ 25

2 a) 80 + 75 ○ 150 − 50
160 − 90 ○ 35 + 35
400 − 0 ○ 360 + 35
115 + 115 ○ 245 − 20
450 − 190 ○ 295 − 95

b) 290 − 130 ○ 80 + 90
25 + 85 ○ 240 − 130
310 − 280 ○ 15 + 15
90 + 95 ○ 210 − 30
320 − 220 ○ 73 + 27

3 Finde zu allen Zahlen Additionsaufgaben, aber immer nur mit 50 und 30.

a) 100 = 50 + 50
110 = ___
120 = ___
130 = ___
140 = ___
150 = ___

b) 190 = ___
220 = ___
240 = ___
___ = ___
___ = ___
___ = ___

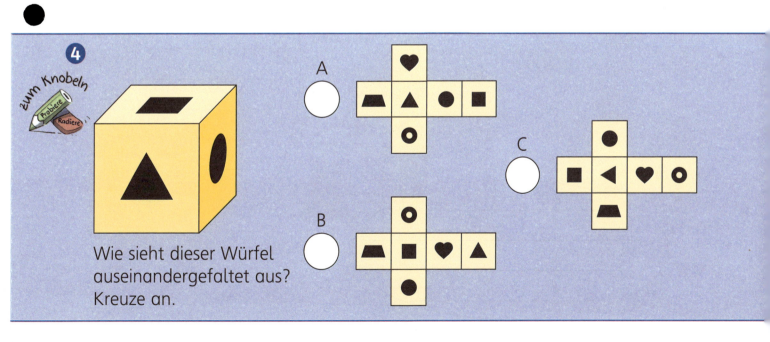

4 zum Knobeln

Wie sieht dieser Würfel auseinandergefaltet aus? Kreuze an.

A B C

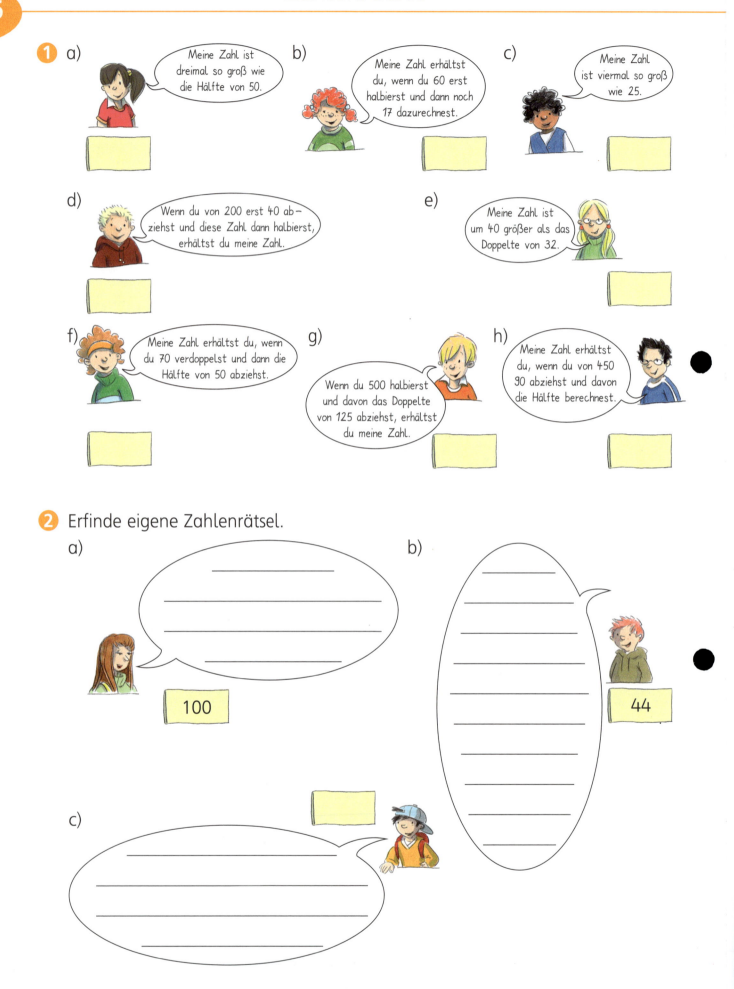

Geheimschrift

A	C	E	H	L	M	N	S	T	U
		5		15			3		

1 Rechne aus und trage die Zahlen passend ein.

E + E + E = L   5 + 5 + 5 = 15   L = 15

S + E = A

C = A + L – E – E

S + S + C – A – E = U

E + U + L – A – A = H

L – E + L + L + H = M

N = M – C – C – L – E

M + H – L – L – C – T = A

2 Finde den Lösungssatz.

a) 25 + 25 = 50
    37 – 29 =
    45 – 36 =
  140 – 130 =
    69 – 64 =

b) 750 – 700 =
    24 – 16 =
    26 – 13 =
  260 – 250 =
    94 – 85 =

c) 65 – 50 =
    72 – 64 =
    95 – 89 =
    96 – 92 =
    73 – 68 =

M □ □ □ □   □ □ □ □ □   □ □ □ □ □ !

Verdoppeln und Halbieren

1
a) 5 →verdoppele→ ☐ →verdreifache→ ☐ →halbiere→ ☐ →verzehnfache→ ☐

b) 7 →verdoppele→ ☐ →verdreifache→ ☐ →halbiere→ ☐ →verzehnfache→ ☐

c) ☐ →verdoppele→ 22 →verdreifache→ ☐ →halbiere→ ☐ →verzehnfache→ ☐

d) ☐ →verdoppele→ ☐ →verdreifache→ 12 →halbiere→ ☐ →verzehnfache→ ☐

e) ☐ →verdoppele→ ☐ →verdreifache→ ☐ →halbiere→ ☐ →verzehnfache→ 450

2 Halbiere so oft es geht.

a) 96   b) 112   c) 240   d) 216

3 Verdoppele immer wieder. Wie weit kommst du?

Verdoppeln ·2

a) 1, __2__, __4__, ____, ____, ____, ____, ____, ____, ____

b) 3, ____, ____, ____, ____, ____, ____, ____, ____, ____

c) 5, ____, ____, ____, ____, ____, ____, ____, ____, ____

d) 6, ____, ____, ____, ____, ____, ____, ____, ____, ____

e) 7, ____, ____, ____, ____, ____, ____, ____, ____, ____

4 Male die Zahl und ihr Dreifaches in der gleichen Farbe an.

| 22 | 6 | 0 | 32 | 7 | 80 | 130 |
| 18 | 21 | 240 | 66 | 0 | 390 | 96 |

Zum Knobeln – Im Garten

1

- Laurin geht von links nach rechts durch den Garten.
  Immer dort, wo eine Zahl steht, bleibt er stehen und fotografiert den Garten.
  Bringe die drei Fotos in die richtige Reihenfolge.

___   ___   ___

2 Esra geht um ihren Garten und fotografiert ihn von jeder Seite.
- Notiere, von welcher Seite jedes Foto aufgenommen wurde.

_____   _____   _____   _____

Rechnen mit Längen

1 Ergänze.

a) **1 m**

62 cm	38 cm
3 cm	
96 cm	
21 cm	
43 cm	

b) **10 m**

3 m 2 cm	
4 m 44 cm	
88 cm	
9 m 51 cm	
5 m 17 cm	

c) **50 m**

7 m 25 cm	
35 m 8 cm	
49 m 99 cm	
72 cm	
25 m 59 cm	

2 Murat ist größer als Hannes aber kleiner als Lotta. Emil ist kleiner als Hannes. Anna ist größer als Lotta, aber kleiner als Tino.
Schreibe die Kinder der Größe nach auf. Beginne mit dem kleinsten Kind.

3 Eva ist 1 m 24 cm groß.
Ihr Bruder Jakob ist 37 cm größer.
Die kleine Luise ist nur halb so groß wie Eva.
Wie groß sind Jakob und Luise?

4 Mama ist dreimal so groß wie ihr Baby Kevin. Papa ist 1 m 78 cm groß. Er ist genau 10 cm größer als Mama.
Wie groß ist Kevin?

5 Trage die Zahlen passend ein.

a) 26, 64, 90, 111, 137, 175

b) 62, 125, 187, 230, 292, 355

c) 27, 36, 48, 63, 75, 84

Messen und Zeichnen

1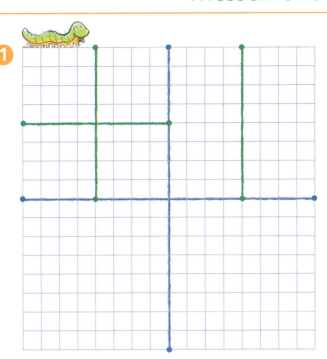

Muster mit Quadraten:

- Halbiere jede Seite mit dem Lineal.
- Markiere die Punkte.
- Verbinde die Punkte auf den gegenüberliegenden Seiten mit dem Lineal.
- Setze fort so weit du kannst.
- Male an.

2
- Halbiere jede Seite mit dem Lineal.
- Markiere die Punkte.
- Verbinde die nebeneinander liegenden Punkte mit dem Lineal.
- Setze fort so weit du kannst.
- Male an.

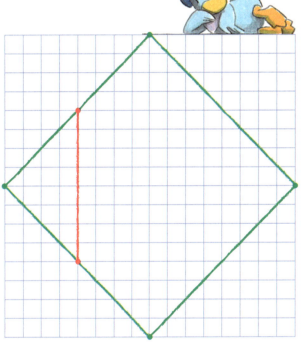

3 Setze die Muster mit dem Lineal fort. Male an.

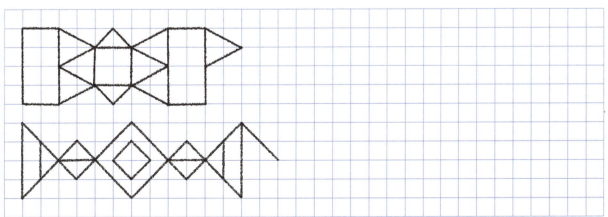

Multiplizieren

22

> Malnehmen heißt in der Sprache der Mathematik multiplizieren.

① Welche Malaufgaben kennst du schon?

2 · 8 = 16   10 · 100 = 1000

② Baue das Muster um zu einem Quadrat oder Rechteck.
Schreibe die passende Multiplikationsaufgabe.

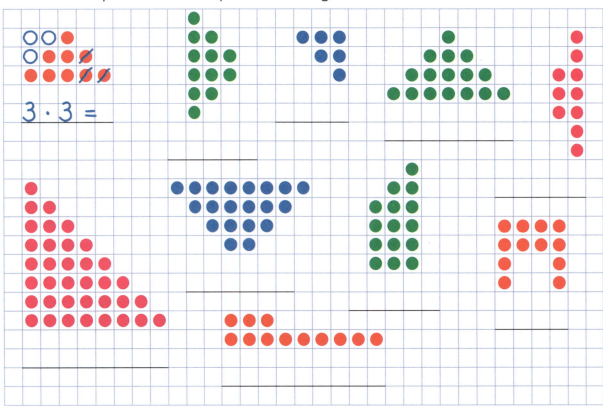

3 · 3 =

③ Damit die Spitze des Dreiecks nicht mehr nach links, sondern nach rechts zeigt, musst du nur vier Plättchen umlegen.

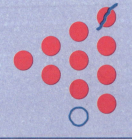

③ Evtl. mit Plättchen oder Münzen legen.

Rechenwege

1 Rechne auf zwei verschiedenen Wegen.

a) 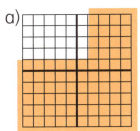 b) 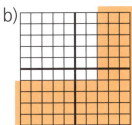 c) 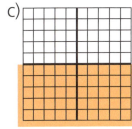 d)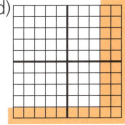

4 · 6 = ____

2 Bilde zuerst zwei Teilaufgaben.

a) 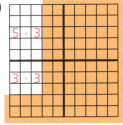   5 · 3 = ____
3 · 3 = ____
8 · 3 = ____

b)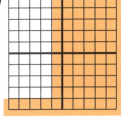

c)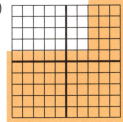

d)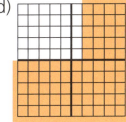

3 Bilde auch hier erst Teilaufgaben.

a) 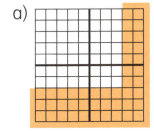 b) 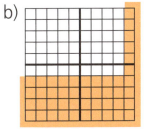 c) 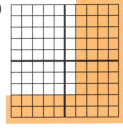 d)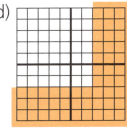

Einmaleins mit 2, 5 und 10

1 Jana räumt ihr Sockenfach auf.

a) Sie legt alle passenden Socken zu Paaren zusammen und hat dann 23 Paare.
Wie viele einzelne Socken sind das?

b) Zum Schluss bleiben noch sieben einzelne Socken übrig.
Wie viele Socken waren insgesamt im Sockenfach?

2 Finde zu jeder Zahl vier Multiplikationsaufgaben.

a) 40

8 · 5 = 40

b) 70

c) 55

d) 100

e) 81

f) 120

3 Hier sind aus 16 Stäben Quadrate gelegt.
Lege die 16 Stäbe nun so um, dass fünf gleich große Quadrate entstehen.

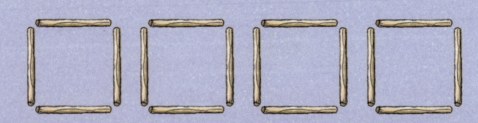

Geld

1 a) Wie teuer sind zehn Bücher? _____

b) Philipp hat 17 €.
Wie viele Bücher kann er kaufen?
_____
_____

c) Frau Möller kauft für die Schülerbücherei 14 Bücher.
Wie viel Euro muss sie bezahlen?
_____
_____

2 a) Wie teuer sind alle CD-ROMs zusammen?
_____
_____

b) Lisa hat vier 10 €-Scheine. Sie kauft sich zwei CD-ROMs.
Welche CD-ROMs könnten es sein? Bekommt sie Geld zurück?
_____
_____

(20 € + 60 €)

3 a) 3 · 5 € + 4 € = ____ €   b) 4 · 5 € + 6 · 10 € = _____ €

3 · 10 € + 4 € = _____   5 · 5 € + 5 · 10 € = _____

6 · 5 € + 4 € = _____   6 · 5 € + 4 · 10 € = _____

6 · 10 € + 8 € = _____   7 · 5 € + 3 · 10 € = _____

12 · 5 € + 8 € = _____   8 · 5 € + 2 · 10 € = _____

12 · 10 € + 16 € = _____   9 · 5 € + 1 · 10 € = _____

Dividieren

26

1 Nach dem Sportunterricht sollen die Bälle eingesammelt werden. Dabei kommen immer gleich viele Bälle zusammen in ein Netz.

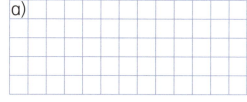

a) Welche Möglichkeiten findest du für 63 Bälle?
b) Welche Möglichkeiten findest du, wenn für 56 Bälle höchstens zehn Netze benutzt werden dürfen?

2 Finde zu jeder Zahl vier Divisionsaufgaben.

a) 48   b) 60   c) 80   d) 110

_____   _____   _____   _____
_____   _____   _____   _____
_____   _____   _____   _____
_____   _____   _____   _____

3 Setze fort.

a)
55 : 5 = ___
60 : 5 = ___
65 : 5 = ___
70 : ___ = ___
___ : ___ = ___

b)
180 : 10 = ___
160 : 10 = ___
140 : ___ = ___
___ : ___ = ___
___ : ___ = ___

c)
120 : 2 = ___
120 : 4 = ___
120 : 6 = ___
___ : ___ = ___
___ : ___ = ___

4 Zeichne in einem Zug.

zum Knobeln

a) 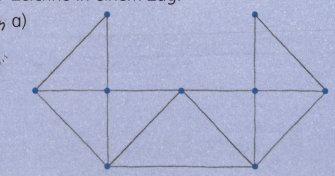   b)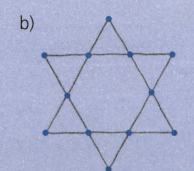

Einmaleins mit 2, 4 und 8

1 a) Welche Möglichkeiten haben die 22 Kinder der 2a, sich so in die Boote zu verteilen, dass kein Platz frei bleibt?

8 + 8 + 4 + 2 = 22

b) Zwei Viererboote sind kaputt. Welche Möglichkeiten gibt es jetzt?

c) Wie können sich die 15 Kinder der 2b in möglichst wenige Boote verteilen?

2 Wie viele Kinder passen in die Boote? Fülle die Tabellen aus.

a) Zweier-Boote

Boote	11	12	13	14	15	20	25	50	100
Kinder	22								

b) Vierer-Boote

Boote	11	12		14	15		25		
Kinder	44		52			80		200	400

c) Achter-Boote

Boote		12	13	14		20		50	
Kinder	88	96			120		200		800

Bauen und Rechnen

1 a) Wie viele Steckwürfel sind es jeweils? Rechne geschickt.

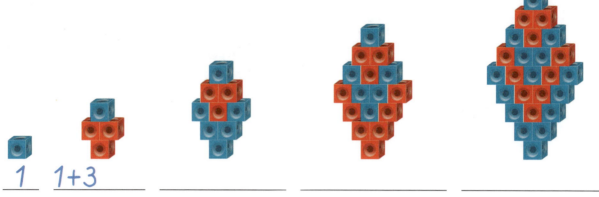

__1__   __1+3__   _____   _____   _____

b) Wie viele Steckwürfel sind es bei 15 Schichten?

2 a) Rechne auch hier geschickt die Anzahl der Würfel aus.

b) Wie viele Würfel sind es, wenn das „H" acht Würfel breit ist?

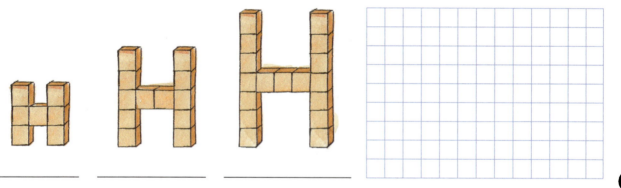

_____   _____   _____

3 a) Wie viele Seitenflächen der Würfel siehst du?

A 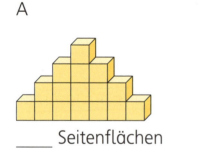   B 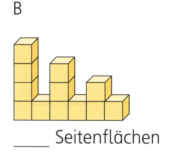   C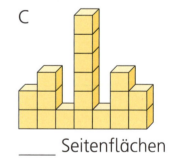

____ Seitenflächen   ____ Seitenflächen   ____ Seitenflächen

b) Stelle dir vor, du würdest um jedes Gebäude einmal rund herum gehen. Wie viele Seitenflächen könntest du dann sehen?

A: ____ Seitenflächen   B: ____ Seitenflächen   C: ____ Seitenflächen

Dividieren

1 Setze fort.

a)
16 : 1 = ___
16 : 2 = ___
16 : 4 = ___
16 : ___ = ___
___ : ___ = ___

b)
3 : 3 = ___
6 : 3 = ___
12 : 3 = ___
___ : 3 = ___
___ : ___ = ___

c) Kannst du beide Päckchen fortsetzen? Begründe.

_____
_____
_____
_____
_____

2 a) Es sollen 48 Kekse an Kinder verteilt werden.

Kinder	1	2	3	4	5	6	7	8
jedes Kind bekommt	48							
Rest	0							

b) Nun sind 56 Kekse zu verteilen.

Kinder	1	2	3	4	5	6	7	8
jedes Kind bekommt	56							
Rest	0							

3 zum Knobeln

Teile die Felder so in vier gleich große Teile, dass in jedem Teil genau zwei Waffelherzen liegen.

Einmaleins mit 3, 6 und 9

1 In welche Kästen passen die Ergebniszahlen?

2 Setze fort.

a)
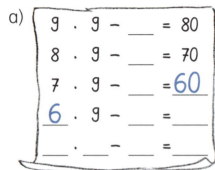

9 · 9 − ___ = 80
8 · 9 − ___ = 70
7 · 9 − ___ = 60
6 · 9 − ___ = ___
___ · ___ − ___ = ___

b)
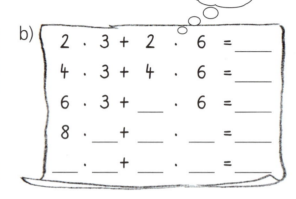

2 · 3 + 2 · 6 = ___
4 · 3 + 4 · 6 = ___
6 · 3 + ___ · 6 = ___
8 · ___ + ___ · ___ = ___
___ · ___ + ___ · ___ = ___

(6 + 12)

3

a) Meine Zahl kann ich durch 6 und 9 teilen. Sie liegt zwischen 120 und 130.

b) Meine Zahl kann ich durch 3, aber nicht durch 6 und nicht durch 9 teilen. Sie liegt zwischen 90 und 100.

c) Meine Zahl liegt zwischen 70 und 80 und ich kann sie durch 3 und durch 6, aber nicht durch 9 teilen.

4 Überprüfe und begründe.

Kann das stimmen?

a) Es gibt Zahlen, die man durch 9, aber nicht durch 6 teilen kann.

b) Im Zahlenraum bis 100 gibt es mehr Dreier- als Sechserzahlen.

c) Es gibt Zahlen, die man durch 9, aber nicht durch 3 teilen kann.

Kalender – Einmaleins mit 7

31

① Trage die fehlenden Zahlen in die Ausschnitte ein.

a)
15	16
22	

b)

c)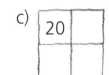

d)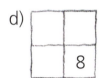

e)

f)

② Trage die fehlenden Zahlen in die Ausschnitte ein. Addiere.

a)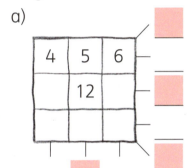

b)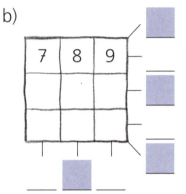

c)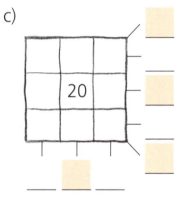

d) Vergleiche die Summen in den farbigen Feldern. Was fällt dir auf?
_____
_____

③ a)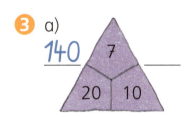

b)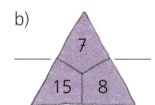

c)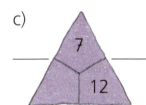

d)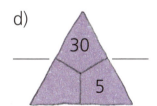

e)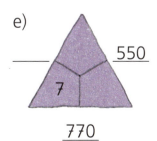

f)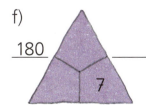

g)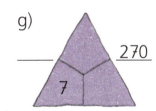

h)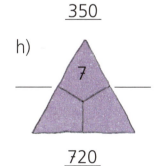

③ f) bis h): Mehrere Lösungen möglich.

Das Geobrett

1 Spanne und zeichne jeweils drei Vierecke, die sich nicht berühren.
Finde verschiedene Möglichkeiten.

A  B 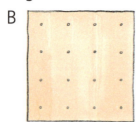 C 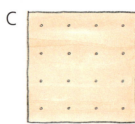 D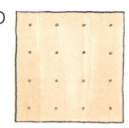

2 Spanne erst das kleine rote Quadrat.
Spanne dann ein Viereck, das dieses Quadrat nicht berührt.

A 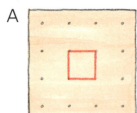 B 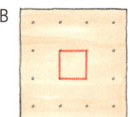 C 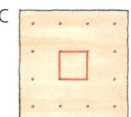 D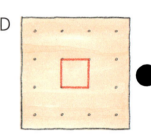

3 Spanne und zeichne alle Spiegelbilder.

a)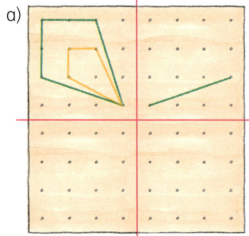

b)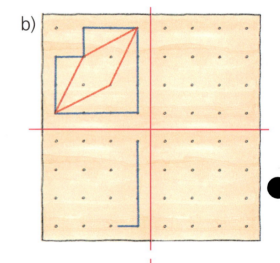

c)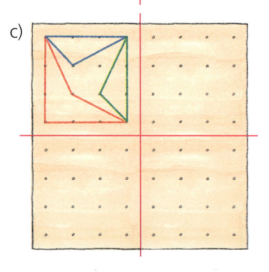

d)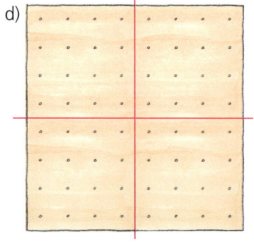

3 d) Eigene Figur spannen, zeichnen und spiegeln.

Ergänzen – Rechenwege beim Addieren

33

1 Ergänze. Setze fort.

a)
130 + ___ = 200
130 + ___ = 300
130 + ___ = 400
130 + ___ = ___
___ + ___ = ___

b)
115 + ___ = 500
165 + ___ = 490
215 + ___ = 480
265 + ___ = ___
___ + ___ = ___

c)
365 + ___ = 610
385 + ___ = 590
415 + ___ = 570
455 + ___ = ___
___ + ___ = ___

2 38 + 29

a) Felix rechnet 37 + 30 = 67.
   Warum darf er das? Erkläre.

b) Rechne wie Felix.

56 + 49 = ___ + ___ = ___   83 + 21 = ___ + ___ = ___

3 Zauberbuchstaben. Immer 250.

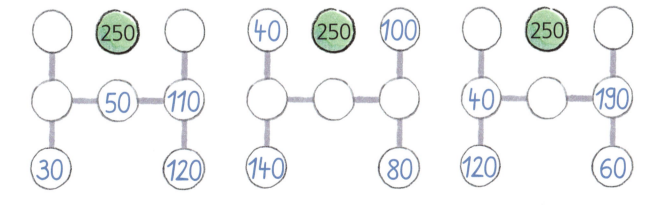

4 a) Lege drei Stäbe so um, dass drei gleich große Quadrate entstehen.

b) Lege drei Stäbe so um, dass zwei Quadrate entstehen.

Rechenwege beim Subtrahieren

1 a)

−	30	10		
	440			
400		310		
380			320	
250				
			370	

b)

−			20	
	145	75		
			103	
210	170			
330				250
		380		

c)

−				
	85	75	65	55
	34			
	59			
	42			
	70			

2 Vergleiche. Schreibe <, > oder =.

a) 470 − 280 ◯ 200   b) 90 − 33 ◯ 120 − 50   c) 250 − 120 ◯ 110 + 30
   350 − 190 ◯ 130   97 − 27 ◯ 150 − 80   420 − 290 ◯ 90 + 40
   460 − 390 ◯ 70   83 − 15 ◯ 140 − 70   360 − 70 ◯ 120 + 120
   210 − 150 ◯ 60   85 − 46 ◯ 120 − 90   490 − 110 ◯ 270 + 130

3 Rechne vorteilhaft.

a) 94 − 21 − 14 = ___   b) 88 − 19 − 20 = ___   c) 460 − 80 − 60 = ___
   85 − 25 − 8 = ___   53 − 10 − 36 = ___   370 − 150 − 50 = ___
   76 − 13 − 26 = ___   48 − 30 − 9 = ___   410 − 10 − 70 = ___
   67 − 7 − 12 = ___   96 − 58 − 30 = ___   280 − 90 − 10 = ___
   63 − 14 − 16 = ___   100 − 47 − 33 = ___   320 − 75 − 25 = ___

4 a) Lege vier Stäbe so um, dass du vier gleich große Quadrate erhältst. Zeichne deine Lösung ein.

b) Lege hier vier Stäbe so um, dass du zwei gleich große Quadrate erhältst. Zeichne.

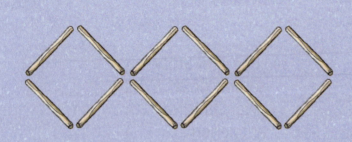
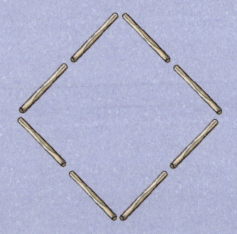

Tabellen

1 Unsere liebsten Pausenspiele. Vervollständige.

Klasse	Fußball	Basket-ball	Kletter-gerüst	Schaukel	Sandkiste	andere Spiele	zusammen
1 a	6	2	3	4	3		20
1 b	3	—	5	3	4		
2 a	4		5	3	—		22
2 b	5	7		—	3	3	20
3 a	2	5	4	4	2	1	
3 b	1	3	7		2	3	19
4 a	3	4	3	3	1	4	
4 b	8	3	4	1	—	2	
zusammen		28				18	

2 Miss die Körpergröße und die Armspanne einiger Menschen. Trage ein und berechne den Unterschied.

Name:	Körper-größe	Armspanne	Unterschied
	cm	cm	cm
	cm	cm	cm
	cm	cm	cm
	cm	cm	cm
	cm	cm	cm

Armspanne

Was fällt dir auf?
_____
_____

3 Miss auch die Länge eines Fußes und die Handspanne einiger Menschen. Fülle dann wieder die Tabelle aus und berechne den Unterschied.

Name:			

Handspanne

Fällt dir auch hier etwas auf?
_____
_____
_____
_____

2 und **3** Evtl. in der Familie messen.

Zum Knobeln – Im Kaufhaus

① Jan und Leila wollen von der Kinderbuchabteilung zu den CD-Sonderangeboten gehen. Jans Weg ist blau und Leilas Weg ist rot eingezeichnet.
a) Ist einer der beiden Wege länger als der andere? Begründe.
_____
_____

b) Suche einen Weg, der genau sieben Wegstücke lang ist. Zeichne ihn grün ein.

② Wie lang ist der kürzeste Weg
a) vom Aufzug zur Kasse? ____ Wegstücke.
b) von den Jeanshosen zu den Puppen? ____ Wegstücke.

③ Suche einen Weg vom Aufzug durch die ganze Kaufhausetage, auf dem du an allen Tischen und Ständen vorbeikommst. Dabei darfst du kein Wegstück zweimal entlang gehen. Zeichne den Weg mit deinem Bleistift.

Die Hundertertafel

1 a) Addiere in den rot markierten Reihen die untereinander stehenden Zahlen.

31 + 41 = ____ _____

32 + 42 = ____ _____

33 + ____ = ____ _____

_____ _____

_____ _____

b) Wie verändert sich das Ergebnis von Aufgabe zu Aufgabe? Begründe.

_____

_____

2 a) Addiere nun in den blau markierten Spalten die nebeneinander stehenden Zahlen.

7 + 8 = ____ _____

17 + 18 = ____ _____

_____ _____

_____ _____

_____ _____

b) Wie verändern sich hier die Ergebnisse?

_____

_____

_____

3 Addiere immer die Zahlen in der gleichen Farbe.

a) 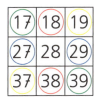   b)   c)

_____   _____   _____

_____   _____   _____

_____   _____   _____

_____   _____   _____

d) Welche Bedeutung hat die mittlere Zahl?

_____

Zauberquadrate

1 Immer 33.   Was fällt dir auf?

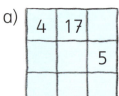   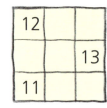

_____

_____

_____

2 Welche dieser Quadrate sind Zauberquadrate?
Füllle die Zauberquadrate aus.

a) 4, 17, 5   Zauberzahl 30

b) 24, 32, 20   Zauberzahl 66

c) 12, 13, 11   Zauberzahl 28

d) 9, 6, 17   Zauberzahl ____

3 Zwischen diesen beiden Zauberquadraten gibt es einen Zusammenhang.
Fülle die Zauberquadrate aus und beschreibe den Zusammenhang.

7, 8, 10, 12, 13   Zauberzahl ____

30, 22, 20, 18, 10   ____

_____

_____

_____

_____

_____

4 Sind diese Quadrate auch Zauberquadrate?
Wenn ja, wie heißt die Zauberzahl?

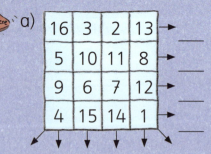

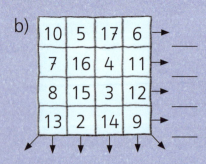

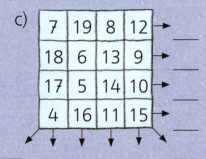

Zauberzahl ____   ____   ____

❹ Ein Quadrat ist kein Zauberquadrat.

Das Einmaleinsbrett

1 Diese Muster sind noch nicht ganz fertig.
   a) Zu welcher Reihe gehören sie?
   b) Zeichne die Muster zu Ende.

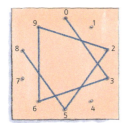 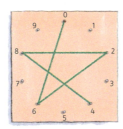 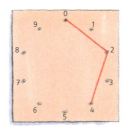 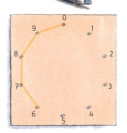

Einmaleins mit _____   Einmaleins mit _____   Einmaleins mit _____   Einmaleins mit _____

2 a) In welchen Einmaleinsreihen kommen diese Endziffern vor?
   Vervollständige die Tabelle.

Endziffern

	1	2	3	4	5	6	7	8	9
1									
2		X				X			
3			X					X	
4									
5									
6									
7	X								
8									
9									

b) In welchen Mustern kommen alle Ziffern vor?
   Im Muster zum Einmaleins mit ____, ____, _____ .

c) Welche Ziffern kommen in allen Mustern, außer dem Muster zum
   Einmaleins mit 5, vor? Kreise ein.

   1, 2, 3, 4, 5, 6, 7, 8, 9

   Welche gemeinsame Eigenschaft haben diese Ziffern?
   _____

Zum Knobeln – Multiplizieren

1 a) 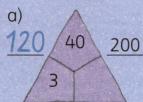 120 40 200 ... 3 ... ___

b) 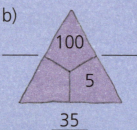 ___ 100 ___ ... 5 ... 35

c) 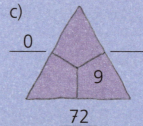 ___ 0 ___ ... 9 ... 72

d) 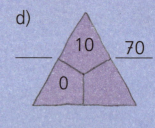 ___ 10 70 ... 0 ... ___

2 a) 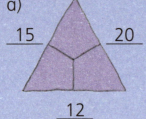 15 ... 20 ... 12

b) 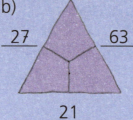 27 ... 63 ... 21

c) 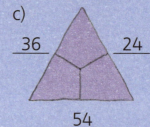 36 ... 24 ... 54

d) 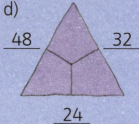 48 ... 32 ... 24

3 a)

·	11	12	13	14
	66			
		60		
			39	
				56

b)

·				
10				200
15			60	
20		100		
25	75			

c)

·		50		15
2			50	
			250	
3				
	80			60

4 Hier musst du probieren, welche Zahlen du zuerst außen eintragen kannst.

a)

·				
	15	27		
		45	20	
			24	42
				56

b)

·				
	77			
	49	63		
		90	60	
			72	60

c)

·				
	24	26		
			60	80
	72			
			39	45

5 Tamara hat im letzten Urlaub am Meer 48 Muscheln, 54 Schneckenhäuser und 36 schöne Steine gesammelt.
Sie teilt alles ohne Rest für sich und ihre Freunde auf.
Wie viele Kinder sind es und wie viele Muscheln, Schneckenhäuser und Steine bekommt jedes Kind?

5 Es gibt drei Möglichkeiten.

Bauen und Rechnen

41

1 Ordne jeder Aufgabe den Buchstaben des passenden Gebäudes zu und verbinde sie mit dem richtigen Namen.

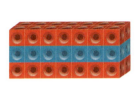 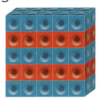

A B C D

4 · 4 · 4 = ____ D

5 · 5 · 2 = ____

2 · 2 · 4 = ____

Würfel   Quader

3 · 7 · 2 = ____

2 Baue und rechne.

a) Aus wie vielen Steckwürfeln besteht jede Figur?

1. Figur 2. Figur 3. Figur

 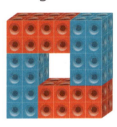 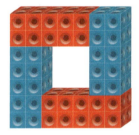

_____ _____ _____

b) Wie viele Steckwürfel braucht man für die 8. Figur?
_____

c) Wie viele Steckwürfel fehlen in der Mitte?
   1. Figur: 1 · 1 · 2 = 2   4. Figur: _____   10. Figur: _____
   2. Figur: 2 · _____   5. Figur: _____
   3. Figur: _____   6. Figur: _____

3 Wie kannst du einen Würfel aus acht Steckwürfeln in zwei gleich große Teile zerlegen?
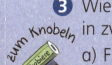
a) Finde verschiedene Möglichkeiten.
b) Geht das auch mit größeren Würfeln?

3 Die gefundenen Möglichkeiten ins Heft zeichnen.

Zum Knobeln – Auf dem Wochenmarkt

1 Zeichne in jede Kiste zwei gerade Linien so ein, dass vier Teile entstehen.
In jedem Teil sollen gleich viele Früchte sein.
Benutze dein Lineal.

a)    b)

2 Hier brauchst du drei gerade Linien, so dass immer drei Früchte in jedem Feld sind.
Benutze auch hier dein Lineal.

a)    b)

3 Natascha legt ein Muster mit Äpfeln. Sie legt sechs Reihen mit je sieben Äpfeln.

a) Wie viele Äpfel sind das? Es sind ____ Äpfel.

b) Später legt sie auf drei Seiten des Musters noch eine Reihe dazu, so dass wieder ein Rechteck entsteht.
Wie viele Äpfel könnten es jetzt sein?
Finde beide Möglichkeiten.

c) Wenn sie die Äpfel mit zwei Freundinnen gerecht teilt und dann wieder ein Rechteck aus ihren Äpfeln legt, wie kann das Muster dann aussehen?

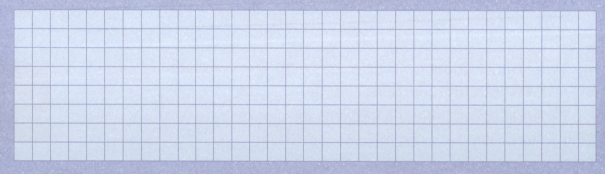

Zauberdreiecke

43

1 Finde drei verschiedene Zauberdreiecke mit der Zauberzahl 80.

Alle Zahlen müssen verschieden sein.

a) 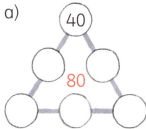   b) 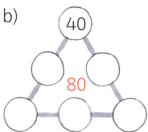   c)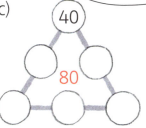

2 Ergänze auch diese Dreiecke zu Zauberdreiecken.

a) 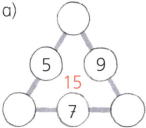   b) 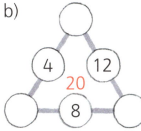   c)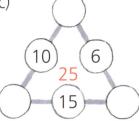

3 Setze die Zahlen von 1 bis 9 so ein, dass ein Zauberdreieck entsteht.

a)    b)

4 Setze die Zahlen von 1 bis 12 so ein, dass auch hier ein Zauberdreieck entsteht.

a)   b)

Zum Knobeln – Der Kalender

1 a) Der Juni hat 30 Tage. Jeder Tag hat 24 Stunden.
Wie viele Stunden hat der Monat Juni?

b) Wie viele Stunden hat der Monat Juli?

c) Wie viele Stunden hat der Februar?

Jedes 4. Jahr ist ein Schaltjahr. Dann hat der Februar 29 Tage.

2 Das Jahr 2000 war ein Schaltjahr.
Welches waren die letzten zwei Schaltjahre vor dem Jahr 2000 und wie heißen die beiden nächsten Schaltjahre?

3 Wie viele Minuten hat ein Tag?

Jede Stunde hat 60 Minuten.

Kombinationen

45

1 Im Eiscafé gibt es Becher in den vier Farben rosa, blau, grün und gelb.
Dazu gibt es Schirmchen in den drei Farben rot, grün und blau.
Außerdem gibt es blaue und grüne Tabletts.

a) Carolina möchte verschiedene Eisbecher zusammenstellen.
Wie viele Möglichkeiten hat sie?

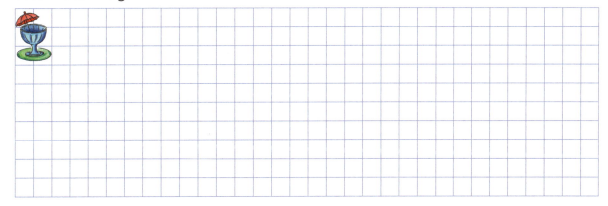

b) Wie viele Möglichkeiten bleiben ihr, wenn jede Farbe in jedem Eisbecher nur einmal vorkommen darf?

_____

_____

2 Anna, Bettina, Clara, Daniela und Elke wollen Eis essen.
Im Eiscafé sind aber nur noch drei Plätze an einem Tisch und zwei Plätze an einem anderen Tisch frei.
Wie viele verschiedene Möglichkeiten haben die Freundinnen, sich auf diese fünf Plätze zu verteilen?

3 Setze aus den Wörtern Schokolade, Eis und Becher neue Wörter zusammen.
Dabei darf jedes der drei Wörter nur einmal vorkommen.
Auch Unsinnswörter sind möglich. Schreibe alle auf.

Schokoladeeisbecher, _____

_____

Lösungen

Seite 1

1. Ben hat 9 Muscheln, Jannis 8 und Luise 6.

2. Aisha muss Sven 11 Muscheln geben, dann hat jeder 43.

3. a) Er braucht 30 Muscheln. b) Es bleiben 12 Muscheln liegen.

4. Es gibt mehrere Lösungen. Zum Beispiel:

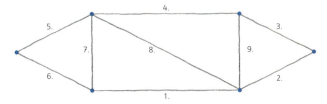

Seite 2

1. Im 8. Bild sind 72 Bälle.

2. Im 4. Bild sind 9 Bälle, im 5. Bild sind 5 Bälle, im 6. Bild sind keine Bälle.

Seite 3

1.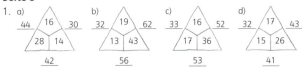

2. Die äußeren Zahlen verdoppeln sich auch.

3. Die äußeren Zahlen halbieren sich auch.

4.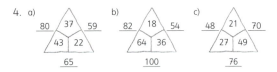

Seite 4

1.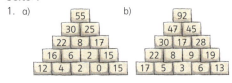

2. c) In der untersten Reihe müssen die großen Zahlen in der Mitte liegen, damit im obersten Stein eine möglichst große Zahl steht.

3.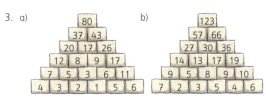

4. a)  b)   c)

Seite 5

1. Es sind acht City-Roller und sieben Kick-Boards.

2. Lina hat 57 Kastanien, Ole hat 33.

3. a) Tim ist 8 Jahre alt, seine Schwester 4.
   b) Suli ist 8 Jahre alt, ihre Mutter 32.

4.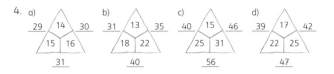

Seite 6

1. 20 Möglichkeiten.   2. 24 Möglichkeiten.
3. Die Gläser klingen 15-mal.

Seite 7

3. Es geht nicht. 100 ist nicht durch 6 teilbar.

4.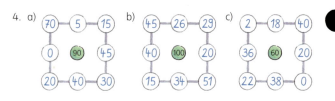

Seite 8

3. a) Ziel 66   b) Ziel 71   c) Ziel 0   d) Ziel 66

4. a) Insgesamt gibt es 49 dieser Zahlenpaare.

Seite 9

1. Alle Ergebnisse von 0 bis 18.

2. Das stimmt. 17 erreicht man nur mit 9 und 8, bzw. 8 und 9. 15 kann man mit 6 und 9, 9 und 6, 7 und 8, 8 und 7 erreichen.

3. Alle Ergebnisse von 0 bis 27.

Seite 10

3. a) 250   b) 300   c) 175   d) 440   e) 325
   f) 330   g) 390   h) 270   i) 330

Seite 11

5. a) 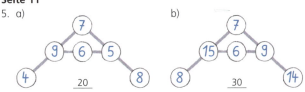 b)

Seite 12

1.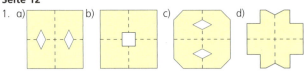

Lösungen

2. a) b) c) d)

Seite 13

3. b) Da sich die Zahlen auf der linken Seite der Mauer je um fünf erhöhen, bleiben die restlichen Zahlen gleich.

4. Es gibt mehrere Lösungen. Zum Beispiel:
   a)   b)

Seite 14

2. Diese Aufgabe ist nicht lösbar.

3. Hasan hat 17 Euro, Jureg hat 9 Euro.

5. Es sind 12 Rechtecke.

Seite 15

4. C

Seite 16

1. a) 75 b) 47 c) 100 d) 80
   e) 104 f) 115 g) 0 h) 180

Seite 17

1.
A	C	E	H	L	M	N	S	T	U
8	13	5	10	15	50	4	3	9	6

2. Mathe macht Laune!

Seite 18

1. a) 5, 10, 30, 15, 150   b) 7, 14, 42, 21, 210
   c) 11, 22, 66, 33, 330   d) 2, 4, 12, 6, 60
   e) 15, 30, 90, 45, 450

2. a) 96: 48, 24, 12, 6, 3   b) 112: 56, 28, 14, 7
   c) 240: 120, 60, 30, 15   d) 216: 108, 54, 27

Seite 19

1.
       2   3   1

2.
   hinten   rechts   links   vorne

Seite 20

2. Emil, Hannes, Murat, Lotta, Anna, Tino

3. Jakob: 1 m 61 cm, Luise: 62 cm

4. Mama: 1 m 68 cm, Kevin: 56 cm

5. a) 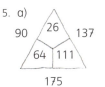 b)   c)
     175   292   84

Seite 22

3. 1. Schritt: 2. Schritt: Schlussbild:

Seite 24

3. Es gibt mehrere Lösungen. Zum Beispiel:

Seite 25

1. a) Zehn Bücher kosten 24 Euro.
   b) Er kann sieben Bücher kaufen.
   c) Sie muss 33 Euro bezahlen.

2. a) Alle zusammen kosten 85 Euro.
   b) Die Mathe- und die Englisch-CD-Rom oder die Englisch- und die ABC-Trainer-CD-Rom.

Seite 26

1. a) Es gibt vier Möglichkeiten: 7 Netze mit 9 Bällen, 9 Netze mit 7 Bällen, 21 Netze mit 3 Bällen und 3 Netze mit 21 Bällen.
   b) Es gibt vier Möglichkeiten: 7 Netze mit 8 Bällen, 8 Netze mit 7 Bällen, 4 Netze mit 14 Bällen und 2 Netze mit 28 Bällen.

4. a) 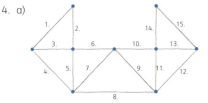 b)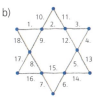

Seite 27

1. a) Sie haben zwölf Möglichkeiten. b) Es gibt zehn Möglichkeiten.
   c) Am besten nehmen sie zwei Achterboote. Ein Platz bleibt frei.

Seite 28

2. a) 7, 12, 17   b) 42

3. a) A: 27, B: 25, C: 35   b) A: 47, B: 44, C: 63

Lösungen

Seite 29

3.  oder

Seite 30

1. Die Zahlen 14 und 56 passen in keinen Kasten.

3. a) 126   b) 93   c) 78

4. a) stimmt   b) stimmt   c) stimmt nicht

Seite 31

2. d) In den farbigen Feldern steht immer die gleiche Summe. Die Summe ist immer das Dreifache der Zahl in der Mitte des Ausschnitts.

3.

f), g) und h) mehrere Lösungen sind möglich

Seite 32

2. Es gibt mehrere Lösungen. Zum Beispiel:

A   B   C   D

3. a) 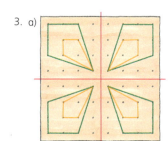   b)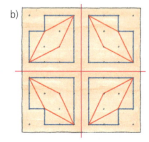

c)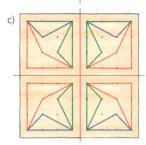

Seite 33

2. b) 55 + 50 = 105   84 + 20 = 104

3.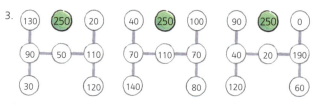

4. Beispiele: a)   b)
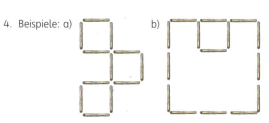

Seite 34

4. a)    b)

Seite 35

1.

Klasse	Fußball	Basket-ball	Kletter-gerüst	Schaukel	Sandkiste	andere Spiele	zusammen
1 a	6	2	3	4	3	2	20
1 b	3	—	5	3	4	3	18
2 a	4	4	6	5	3	—	22
2 b	5	7	2	—	3	3	20
3 a	2	5	4	4	2	1	18
3 b	1	3	7	3	2	3	19
4 a	3	4	3	3	1	4	18
4 b	8	3	4	1	—	2	18
zusammen	32	28	34	23	18	18	

2. + 3. Der Unterschied ist ungefähr immer gleich groß.

Seite 37

1. b) Das Ergebnis erhöht sich immer um zwei, weil sowohl der erste als auch der zweite Summand um eins erhöht werden.

2. b) Das Ergebnis erhöht sich immer um 20, weil sowohl der erste als auch der zweite Summand um zehn erhöht werden.

3. d) Die mittlere Zahl ist immer genau die Hälfte der Summen aus den markierten Zahlen.

Seite 38

1.

10	6	17
18	11	4
5	16	12

10	18	5
6	11	16
17	4	12

In der Mitte steht immer 11.
Die Zahlen außen bleiben gleich, sind nur gedreht.

2. a)

4	17	9
15	10	5
11	3	16

Zauberzahl 30

b)

34	8	24
12	22	32
20	36	10

Zauberzahl 66

c) kein Zauberquadrat

d)

14	1	12
7	9	11
6	17	4

Zauberzahl 27